Palmas, palmitas

AUTORES
José Flores
Ana Margarita Guzmán
Sheron Long
Reynaldo F. Macías
Ramón L. Santiago
Eva O. Somoza
Josefina Villamil Tinajero

CONSULTORES DE LITERATURA
Mauricio E. Charpenel
Isabel Schon

CAMPANITAS DE ORO
MACMILLAN

Macmillan Publishing Company
New York

Collier Macmillan Publishers
London

CONSULTORES

Rosa Castro Feinberg
Argentina Palacios
Joanna Fountain-Schroeder

ACKNOWLEDGMENTS

The publisher gratefully acknowledges permission to reprint the following copyrighted material:

"Ay, mi, palomita," "La sombra," and "Patito" from "Patito" in PINCELADAS FOLKLÓRICAS DOMINICANAS by Mercedes R. de González. ©Mercedes R. de González. Published by Ediciones Abra and Edime Organización Gráfica, S.A., Madrid.

"El día que tú naciste" from PARA CHIQUITINES by Emma Holquin Jiménez and Conchita Morales Puncel. Copyright ©1969 by Bowmar Publishing Corp. Reprinted by permission of Bowmar/Noble Publishers, Inc.

"Palmas, Palmitas" from UNA, DOLA, TELA, CATOLA by Carmen Bravo-Villasante. ©1976 by Carmen Bravo-Villasante. Part of El libro del folklore infantil published by Editorial Miñón and used with their permission.

ILLUSTRATION CREDITS: Mila Lazerevich, 12–13; Roberta Holmes-Landers, 14–19; Mike Adams, 20–21; Robert Jackson, 22–29; Alexandra Wallner, 30–35; Rick Brown, 36–43; Jeremy Guitar, 48–53; Carol Etow, 54–60; Terra Muzick, 61; Pat Hogan 62–71; Jerry Smath, 72–79.

PHOTO CREDITS: Lawrence Migdale, 6–11, 44–45, 46–47, 53.

COVER PHOTO: ©Kit Hedman/JEROBOAM

Macmillan Publishing Company
866 Third Avenue
New York, NY 10022
Collier Macmillan Canada, Inc.

Printed in the United States of America

ISBN 0-02-167080-3

16 15 14 13

Palmas, palmitas

Palmas, palmitas
que viene papá
y trae un perrito
que dice guá, guá.

Tradicional

Contenido

Mi mamá

Mi mamá me ayuda.

Mi mami me ayuda.

Mamá me ayuda a mí.

Mami me ayuda.

Me ayuda mi mamá.

¡Amo a mi mamá!
Mi mamá me ama.

El día que tú naciste

El día que tú naciste
nacieron las cosas bellas;
nació el sol, nació la luna
y nacieron las estrellas.

Tradicional

13

¿MAMÁ? ¿PAPÁ?

¡Mamá!
¡Papá!

14

¿Mami?

¿Papi?

15

¿Es mi mamá?

No, no es.
Es <u>mi</u> mamá.

¿Es mi papá?

No, no es.
Papi puma es mi papá.

17

¿Pepe?

¡Es Pepe!

¿Mami?
¿Papi?

18

Amo a Pepe.

Amo a Pepe.

Amo a mi mamá.

Amo a mi papá.

Patito, patito

Patito, patito,
color de café.
Por qué estás tan triste
quisiera saber.

Perdí a mi mamita
color de café.
Por eso estoy triste
y triste estaré.

Tradicional

20

¿Qué pasa?

¡Papá, papá!

¿Qué pasa, Susi?
¿Qué pasa?

¡Mira ese sapo, papá!
¡Mira ese sapo!

¿Qué sapo, Susi?

Ese sapo, papá.
¡Mira!
Ese sapo se asoma.

¿Qué sapo se asoma, Susi?

Ese sapo se asoma,
papá.

Mira, papá.
Mira ese sapo.

Sí, sí, Susi.
¡Ese sapo me mira a mí!

¡Ema!

Ema pasa la sopa.

¡La sopa pesa!
¡Ayuda, papá!

Ema pone la pata en la mesa.

Papá ayuda a Ema.

Pone la sopa en la mesa.

¿Qué es eso, Ema?

La pata no se pone en la mesa.

35

Tipi Tape

Tipi Tape
Tipi Tape

¡Timoteo!
¿Qué es eso, Timoteo?

No sé, Tito.
No sé.

Tipi Tape

Ya sé, Timoteo.
Ya sé.
Es tu osito.

No, Tito, no.
No es mi osito.

Tipi Tape

¡Timoteo, ya sé qué es!
Es tu patito.

No, Tito, no.
No es mi patito.

¡Timoteo, ya sé!
Ya sé qué es.
¡Es mami!

43

La sombra

Tengo una sombra sombrita
que no se aparta de mí.
De los pies a la cabeza,
se parece mucho a mí.

Cuando me voy a la cama,
ella me sigue hasta allí.
Yo no sé por qué la tengo
y nunca lo comprendí.

Tradicional

45

Elisa lee

¡Elisa!
Mira, Elisa.

¿Qué es, papi?

46

¡Papi! ¡Papi!
¡Mira el libro!
¡Qué lindo!
¡Qué lindo es el libro!

Lee tu libro, Elisa.

Elisa lee su libro.

El patito se asoma.

El patito sale.

Se pasea.

El osito mira.

El osito ayuda a su mamá.

La mamá paloma ayuda a la palomita.

La mamá paloma sale.

La palomita se asoma.

La palomita mira a su mamá.
¡La palomita sale!

¡Qué lindo es mi libro!
¡Qué lindo, papi!

53

La palomita de Adela

Adela lee su libro.

Su tía dice:

—Come, Adela.

Adela come.
No come todo.

Adela dice:
—¡Tía, tía, mira!

55

La tía mira la palomita.

Dice:
—Ven, palomita, ven.

56

La palomita mira a la tía.

La palomita mira a Adela.

Adela dice:

—Ven, palomita, ven.

Adela dice:

—Mira, tía.

Mira mi dedo.

Mira mi linda palomita.

La palomita come.

No come todo.

La palomita mira a Adela.

La palomita de Adela sale.

La tímida palomita sale.

Ay, mi palomita

Ay, mi palomita,
la que yo adoré.
Le nacieron alas
y voló y se fue.

Tradicional

Rizos de Oro

Osito sale de paseo.
Sale Mamá Osa.
Sale Papá Oso.

Pasa Rizos de Oro.

Rizos de Oro se asoma.

Rizos de Oro mira.

—¿Qué es eso? —dice Rizos de Oro.

Rizos de Oro mira la sopa.

—No, no, no —dice
Rizos de Oro.

—No, no, no —dice
Rizos de Oro.

—Sí, sí, sí —dice
Rizos de Oro.

Rizos de Oro se toma la sopa.
Se toma toda la sopa.

Rizos de Oro pasa a la sala.

—No, no, no —dice
Rizos de Oro.

—No, no, no —dice
Rizos de Oro.

—Sí, sí, sí —dice
Rizos de Oro.

—¿Qué es eso?
¿Qué me pasa? —dice Rizos de Oro.

Rizos de Oro lo mira todo.

—No, no, no —dice
Rizos de Oro.

—No, no, no —dice
Rizos de Oro.

—Sí, sí, sí —dice
Rizos de Oro.

Papá Oso se asoma.

Mamá Osa se asoma.

Osito se asoma.

—¿Qué pasó aquí? —dice Papá Oso.
—¿Qué pasó aquí? —dice Mamá Osa.

Osito dice:

—¡Mira por aquí, mamá!

¡Mira por aquí, papá!

¡Rizos de Oro pasó por aquí!

A a

aquí

La sopa se pone <u>aquí</u>.

ayuda

Mamá me <u>ayuda</u>.

C c

come

Timoteo <u>come</u> en la mesa.

D d

de

El libro es <u>de</u> Elisa.

D d

dedo

Timoteo pone el <u>dedo</u> en el libro.

dice

—Lee, Tito —<u>dice</u> la mamá.

E e

el

Elisa lee <u>el</u> libro.

en

Pepe pone la sopa <u>en</u> la mesa.

es

<u>Es</u> mi mamá.

L l

la

<u>La</u> paloma ayuda a <u>la</u> palomita.

lee

Pepe <u>lee</u> el libro.

libro

Tito pasa el <u>libro</u> a Susi.

lindo

Ese oso es <u>lindo</u>.

M m

mesa

Es la <u>mesa</u> de Timoteo.

M m

mira

¡Papá, <u>mira</u> ese puma!

N n

no

Elisa <u>no</u> me ayuda.

O o

oso

El <u>oso</u> se asoma.

P p

paloma

¡Mira esa <u>paloma</u>!

pasa

¿Qué <u>pasa</u>, Pepe?

P p

pasa

Papá <u>pasa</u> la sopa.

pasea

El patito se <u>pasea</u>.

paseo

Ema sale de <u>paseo</u>.

pata

Mira la <u>pata</u> de ese sapo.

pesa

La mesa <u>pesa</u>.

P p

pone

La sopa se <u>pone</u> en la mesa.

por

¡Pasó <u>por</u> aquí!

Q q

qué

—¿<u>Qué</u> es, mamá? —dice Pepe.

S s

sala

Papá lee en la <u>sala</u>.

sale

El osito <u>sale</u>.

S s

sapo

Es un <u>sapo</u>.

sé

—No <u>sé</u> qué es —dice Ema.

se asoma

Papi <u>se</u> <u>asoma</u>.

sopa

Papá pasa la <u>sopa</u>.

T t

tímida

La palomita es <u>tímida</u>.

T t

tía

Es la <u>tía</u> de Timoteo.

todo

Adela lee <u>todo</u> el libro.

toma

Ema se lo <u>toma</u> todo.

V v

ven

—<u>Ven</u>, patito —dice Tito.

Y y

ya

—¡<u>Ya</u> sé qué es! —dice Ema.

Lista de palabras nuevas

Para los maestros: Las siguientes palabras se introducen en las selecciones de *Palmas, palmitas.* El número entre paréntesis que sigue a cada palabra indica la página en que esa palabra aparece por primera vez en el libro.

a (8)
Adela (54)
ama (11)
amo (11)
aquí (70)
asoma (26)
ayuda (6)

come (54)

de (54)
dedo (58)
dice (54)

el (47)
Elisa (46)
Ema (30)
en (33)
es (16)
esa (31)
ese (24)
eso (34)

la (30)
lee (46)
libro (47)
linda (58)
lindo (47)
lo (68)

mamá (6)
mami (7)
me (6)
mesa (33)
mi (6)
mí (8)
mira (24)

no (16)

osa (62)
osito (39)
oso (62)

paloma (51)
palomita (51)
papá (14)
papi (15)
pasa (22)
pasea (49)
paseo (62)
pasó (70)
pata (33)
patito (41)
Pepe (18)
pesa (32)
pone (33)
por (71)
puma (17)

qué (22)

Rizos de Oro (62)

sala (64)
sale (49)
sapo (24)
se (26)
sé (38)
sí (29)
sopa (30)
su (48)
Susi (23)

tía (54)
tímida (60)
Timoteo (37)
tipi tape (36)
Tito (38)
toda (67)
todo (55)
toma (67)
tu (39)

ven (56)

ya (39)